Mémoire sur les anciennes lois suédoises, à propos du Recueil intitulé : *Corpus juris Sueo-Gotorum antiqui, Samling af Sveriges gamla Lagar*, publié par M. Schlyter, 13 vol. in-4°, 1827-1877.

EXTRAIT DU JOURNAL DES SAVANTS. — SEPTEMBRE-OCTOBRE 1880.

I.

La collection des anciennes lois suédoises, commencée en 1827 par MM. Collin et Schlyter, continuée depuis 1834 par ce dernier seul, et terminée par lui en 1877, après cinquante ans de travail, est un des monuments les plus considérables qui aient été élevés, dans ce siècle, à l'histoire du droit. Ces lois n'étaient connues jusqu'ici que par des éditions anciennes, incomplètes et fautives, ou par des traductions plus fautives encore. C'était tout ce qu'on pouvait faire, il y a deux cents ans, à une époque où l'on commençait à peine à étudier scientifiquement l'histoire du Nord et la philologie scandinave. Aujourd'hui, tous ces vieux livres sont devenus inutiles. Grâce à M. Schlyter, nous pouvons enfin lire les anciennes lois suédoises dans des textes corrects, établis d'après la comparaison de tous les anciens manuscrits et pourvus de glossaires qui ne laissent aucun mot, aucune locution, aucun passage difficile sans en donner l'explication et le commentaire. Les savants du Nord peuvent maintenant écrire l'histoire de leur droit. Dès à présent ils possèdent un fondement solide et des matériaux tout préparés.

Nous n'avons pas la prétention d'entreprendre un travail de ce genre; mais peut-être n'est-il pas sans intérêt de faire connaître par une rapide analyse la collection dont il s'agit, et d'appeler l'attention sur ces vieilles lois où l'on trouve à chaque pas la trace du droit primitif et le souvenir de l'âge héroïque.

Au commencement du XIIIe siècle, la Suède n'était encore qu'un assemblage de pays distincts, séparés les uns des autres par d'épaisses forêts, et vivant chacun de sa vie propre, sous l'autorité d'un roi commun[1]. Cha-

[1] Voy. Konrad Maurer, *Esquisse de l'histoire des sources du droit scandinave*, un vol. in-8°, Kristiania, 1878.

cun de ces pays avait sa coutume et son assemblée générale (*Landesting*), dans laquelle un magistrat élu par le peuple, tantôt exerçait le pouvoir judiciaire, tantôt enseignait la loi aux assistans. Ce magistrat s'appelait l'homme de la loi, *laghman*. Lorsqu'on voulut fixer la coutume par l'écriture, on lui donna la forme qu'elle avait prise en passant par la bouche du laghman, et le nom de celui-ci resta parfois attaché à la loi dont il n'avait été que l'interprète. C'est ainsi que la loi d'Upland remonte à un laghman appelé Viger Spå, qui était encore païen, celle de Westrogothie à un nommé Eskill.

Cette dernière paraît être la plus ancienne de toutes. On en possède deux rédactions, dont la première remonte aux premières années du XIIIe siècle. La seconde est de la fin du même siècle. La loi de l'Ostrogothie est de la même époque; il en est de même de la loi d'Upland confirmée en 1296 par le roi Birger Magnusson. La loi d'Upland a servi de modèle à celle de Sudermanie, confirmée en 1327 par le roi Magnus Erikson. Toutes deux ont inspiré la loi de Westmannland, qui a été prise longtemps, mais à tort, pour la loi spéciale de la Dalécarlie, et dont nous possédons deux rédactions. Enfin entre 1320 et 1347 a été rédigé le code de la province d'Helsingie, la plus septentrionale du royaume, code qui s'étendit bientôt à toute la Finlande où il fut porté par les colons suédois venus du Nord. La province méridionale de Småland paraît avoir eu aussi sa loi, rédigée vers le milieu du XIVe siècle, mais nous n'en possédons qu'une partie, celle qui traite du droit ecclésiastique. Enfin la loi de l'île de Gothland complète la série des anciennes lois provinciales. Rédigée vers la fin du XIIIe siècle, à une époque où l'île, encore à peu près indépendante, n'avait que des rapports éloignés avec la Suède, elle diffère sensiblement des autres lois. La langue même dans laquelle elle est écrite présente tous les caractères d'un dialecte particulier.

Nous n'avons pas parlé de la Scanie, dont la loi remonte aux premières années du XIIIe siècle. Mais, jusqu'au traité de Roeskilde, en 1659, la Scanie a été une province danoise, et dès lors il paraît convenable d'en réserver l'examen pour une étude ultérieure, qui aura pour objet l'ancienne législation du Danemark.

Indépendamment des lois provinciales, il y avait aussi des coutumes locales faites pour les villes. Le plus ancien texte de ce genre est de la fin du XIIIe siècle, et connu sous le nom de *Biarköa-rætten*, c'est à dire apparemment *droit municipal*. Rédigé originairement pour la ville de Lödöse en Westrogothie, il a été aussi en vigueur à Stockholm, et probablement ailleurs. La ville de Wisby, dans l'île de Gothland, a eu aussi sa loi municipale rédigée vers le milieu du XIVe siècle. Cette loi est très complète et contient notamment tout un livre sur le droit maritime, qu'il ne faut pas confondre avec une compilation rédigée sur le même sujet, dans le même lieu, un siècle plus tard, et textuellement empruntée aux lois maritimes de la France, de la Hollande et de Lübeck.

La rédaction des lois provinciales était à peine terminée lorsqu'on songea à les fondre toutes en un seul code. La Norwège avait donné l'exemple sous le roi Magnus, mort en 1280. Environ soixante et dix ans plus tard, un travail du même genre s'accomplit en Suède, sous un autre Magnus, fils d'Éric (1319-1365). L'opposition des évêques ne permit pas de comprendre dans le nouveau code le droit ecclésiastique, et, par suite, le nouveau code ne paraît pas avoir été officiellement approuvé ni promulgué comme loi du royaume, mais il fut successivement adopté dans les diverses provinces, et remplaça ainsi peu à peu les anciennes lois. Cette révolution était terminée partout dès l'année 1379.

En même temps, un nouveau code était rédigé pour les villes. Ce code diffère peu du précédent. Seulement il contient un livre sur le droit maritime, et le livre qui traite des assemblées provinciales (*Tingmalabalk*) est remplacé par un livre sur l'organisation du conseil municipal (*Rådstufvubalk*). Une édition revisée du code général de Magnus fut promulguée en 1442 par un de ses successeurs, le roi Christophe de Bavière (1440-1448). Le code ainsi revisé porte le titre de *Codex Christophorianus*, mais ce n'est pas à proprement parler une œuvre législative nouvelle. Les rédacteurs du nouveau code n'ont guère fait que transcrire le code de Magnus en rajeunissant le style et la langue. Les différences entre les deux livres sont si peu considérables, qu'ils furent souvent confondus. C'est ainsi qu'en 1481 un archidiacre d'Upsal, Ragvald Ingemundsön, voulant traduire en latin le code de Christophe, se trompa de texte et traduisit effectivement le code de Magnus, et le savant Messenius, qui publia cette traduction à Stockholm, en 1614, ne s'aperçut pas davantage de l'erreur commise.

Tous ces textes n'ont été imprimés qu'au XVIIe siècle, de 1607 à 1700. Mais ces anciennes éditions sont aujourd'hui sans valeur. La publication du grand recueil confié par le gouvernement suédois aux soins de M. Schlyter rend toutes ces anciennes éditions inutiles. Il conviendra seulement d'y joindre les ordonnances des rois de Suède réunies dans une autre collection qui se publie en ce moment sous le nom de *Diplomatarium Suecicum*, et dont le cinquième volume, imprimé en 1865, s'arrête à l'année 1347.

Quoique suranné en bien des parties, le *Codex Christophorianus* a régi la Suède pendant trois siècles. Des ordonnances royales comblèrent provisoirement les lacunes. Un grand travail de revision, entrepris en 1686, ne fut terminé qu'en 1734. Le 6 décembre de cette année, les États adoptèrent un nouveau code général, applicable indistinctement aux campagnes et aux villes, mais laissant de côté le livre du Roi (*Konungabalk*), c'est-à-dire le droit politique qui occupait une place dans les anciens codes.

Depuis cette époque, il a été publié un grand nombre de lois nouvelles. Les plus importantes ont pour objet le concours entre créanciers (1830), la police de l'industrie (1846), les lettres de change (1851), le droit maritime (1862), le droit pénal (1864), enfin le régime hypothécaire (1877). Mais le code de 1734 est encore en vigueur dans toutes les parties qui n'ont été ni abrogées ni modifiées, et forme encore aujourd'hui le fond de la législation suédoise. En dehors même des limites actuelles du royaume, le code de 1734 est resté en vigueur dans le grand-duché de Finlande, sauf les modifications apportées par les lois récentes, principalement dans le droit pénal et dans le droit commercial et maritime.

Les rédacteurs de 1734 n'ont pas cherché à faire une œuvre originale. Ils ont pris pour base le *Codex Christaphorianus*, qu'ils ont mis d'accord avec les ordonnances postérieures et accommodé aux besoins nouveaux, et, comme le *Codex Christophorianus* se rattachait lui-même très étroitement aux vieilles lois provinciales, comme d'ailleurs le droit romain n'a jamais pénétré dans la péninsule scandinave, où il n'a même été enseigné que très tard et très imparfaitement, on voit que la législation suédoise est essentiellement une législation nationale. Elle s'est transmise et développée comme la langue du pays par une tradition constante et jamais interrompue, à ce point que plus d'une disposition de la loi actuelle se trouve déjà dans les coutumes d'Upland et de Westrogothie, qui remontent à plus de six cents ans. Ces coutumes elles-mêmes, qui n'ont été rédigées pour la plupart qu'au moment où elles allaient être remplacées par un code général, n'étaient certainement que la reproduction des lois plus anciennes, antérieures à l'établissement du christianisme, modifiées sous l'influence du droit canonique. A ce titre, elles méritent une attention particulière et donnent lieu aux rapprochements les plus inattendus. Peut-être nous saura-t-on gré d'en donner ici quelques exemples[1].

[1] Il n'est peut-être pas inutile d'indiquer ici les meilleurs ouvrages à consulter sur la Suède: *Histoire de Suède depuis les temps les plus anciens jusqu'à nos jours*, par Montelius, Hildebrand et Alin, 1877-1878.

II.

Les anciennes lois antérieures au code de Magnus commencent par un livre consacré au droit ecclésiastique. Ces dispositions, empruntées au droit canonique, n'ont pas d'intérêt pour nous. Elles ont d'ailleurs été laissées de côté, comme nous venons de le voir, par les codes de Magnus et de Christophe, dont le livre premier est intitulé *Livre du roi* (*Konungabalk*). C'est le droit constitutionnel de la Suède ancienne.

D'après le code de Christophe, le royaume de Suède est habité par deux nations, les Suédois proprement dits et les Goths. Il comprend sept évêchés et onze provinces, en y comptant les deux Finlandes. Il est gouverné par un roi, dont l'autorité est souveraine et inaliénable.

La royauté est élective. Elle n'est devenue héréditaire qu'au XVIIe siècle. Dans chaque province, l'Assemblée générale ou *Landsting* nomme douze députés qui se rendent avec le laghman au grand *Ting* national de Mora, en Upland. Là se fait l'élection. Le roi élu prête serment de protéger l'Église, de rendre la justice, d'observer les lois, de gouverner avec l'avis de son conseil, de conserver le domaine royal, de conserver les privilèges des nobles et du clergé, de garantir la liberté des paysans, enfin de maintenir partout la paix. Il ne peut être établi d'impôts que pour certains besoins, et en certains cas déterminés, par exemple en cas de guerre, ou pour le couronnement du roi, ou quand il marie un de ses enfants. L'assemblée reçoit le serment du roi, et prête à son tour serment de fidélité par la bouche du laghman d'Upland. Le roi fait ensuite sa tournée d'inauguration dans les onze provinces, où le serment est renouvelé dans les onzes assemblées locales. Dans chaque province, il peut faire grâce à trois personnes. C'est la tournée de saint Éric (*Eriksgata*). Après quoi le roi, de retour à Upsala peut s'y faire sacrer dans la cathédrale.

Le conseil du roi se compose de quinze personnes, l'archevêque d'Upsala, deux évêques, six chevaliers et six écuyers. Tous doivent être nés dans le royaume et prêter serment.

Si le roi se marie, il donne à sa femme, suivant l'usage, le don du matin, *Morgongåfva*, en présence et de l'avis de son conseil. Ce don doit consister en une simple jouissance viagère. La reine n'en peut jouir

Le troisième volume s'arrête à l'an 1611.

Stiernhöök, *De legum Sueogothicarum origine et incremento*, in-4°, 1672.

Nordström, *Histoire de l'organisation sociale en Suède*, 2 vol in-8°, Helsingfors, 1839-41.

Naumann, *Histoire de la constitution politique de la Suède*.

qu'à la condition de ne pas se remarier si elle devient veuve, et de rester dans le pays.

Les dispositions qui suivent s'appliquent à l'ordre des privilégiés (*frælsis men*). Toute personne peut y entrer à la condition d'avoir un cheval, d'une valeur de quarante marcs au moins, et une armure complète, et de justifier d'une fortune suffisante pour satisfaire à cette charge. Tous les ans, un délégué du roi passe, dans chaque province, la revue des chevaliers, agrée les remplaçants et juge les excuses. Tout refus de service entraîne la dégradation et quarante marcs d'amende. Le déserteur est mis à mort et ses biens confisqués. Si le chevalier est fait prisonnier, le roi doit le racheter; s'il perd son cheval dans un combat, le roi lui en donne un autre.

La loi contient ensuite certaines dispositions relatives aux auberges publiques établies pour mettre les paysans à l'abri des exigences des voyageurs. Elle prévoit et punit certains actes qu'elle considère comme des atteintes à l'autorité royale. Ainsi violer la Paix du roi, en attaquant une personne munie d'un sauf-conduit royal, est un crime qui entraîne la mort et la confiscation des meubles; la rébellion contre les jugements rendus au nom du roi est punie d'une amende de quarante marcs; il en est de même de la chasse dans les parcs royaux. La dépossession violente est aussi considérée comme un crime qui intéresse la majesté royale. Quiconque s'empare d'un immeuble par la violence doit restituer et payer quarante marcs. La plainte peut être portée devant toutes les juridictions, et même devant le roi, mais à condition d'être élevée sur-le-champ, c'est-à-dire au plus prochain dimanche ou au plus prochain *ting*, ou enfin dans les six semaines, si le plaignant se décide à porter l'affaire devant le roi.

Les codes suédois ne parlent ni des états généraux du royaume, ni de leur division en quatre ordres, à savoir la noblesse, le clergé, les bourgeois et les paysans. Cette division, qui n'avait d'autre fondement que la coutume, s'est maintenue en Suède, même après la suppression de tous les privilèges, et n'a été abolie qu'en 1866. Aujourd'hui les quatre ordres sont remplacés par deux Chambres, qui se réunissent annuellement comme dans tous les pays constitutionnels.

Avant l'introduction du christianisme, l'esclavage était pratiqué dans tous les pays du Nord. Il fallut de longs efforts pour le faire disparaître, ce n'est qu'en 1335 que le roi Magnus Erikson en supprima les derniers vestiges. Quant au servage, il ne fut jamais introduit en Suède, et plus heureux que leurs voisins du Danemark, les paysans suédois conservèrent toujours leur liberté.

La première forme de procédure en Suède avait été le combat judiciaire. Aboli vers l'an 1000, sous l'influence des idées chrétiennes, il fut remplacé par l'épreuve du fer rouge (*jernbyrd*). Celle-ci fut abolie à son tour par le célèbre Birger Iarl, chef de la dynastie des Folkungs, régent de Suède de 1250 à 1266, et fondateur de Stockholm. Toutefois ce ne fut pas sans peine que le peuple suédois renonça à l'épreuve du fer rouge. Un passage de la loi d'Helsingie nous apprend qu'en 1320 les juges de la province avaient encore eu recours à ce moyen, et que le conseil du royaume dut interposer son autorité. Le jugement de Dieu ainsi écarté, il ne resta d'autre moyen de preuve que le serment prêté par l'une des parties et confirmé par un certain nombre de cojureurs. C'est aussi le seul dont parlent les lois provinciales. La véritable preuve, par témoins ou par titres, n'existe qu'en germe à cette époque, et n'est devenue prépondérante qu'à partir du XVIIe siècle. Encore a-t-elle gardé l'empreinte de la procédure primitive, qui réduisait pour le juge la recherche de la vérité à un calcul mécanique. On distingue toujours en droit suédois les preuves complètes, les demi-preuves et celles qui, sans égaler une demi-preuve, « sont cependant plus que rien. »

III.

Les lois qui régissent le mariage et la condition des époux portent l'empreinte d'une très haute antiquité. La femme ne peut se marier, quel que soit son âge, qu'à la condition d'être donnée par son plus proche parent mâle. C'est ce parent (*giptoman*), qui reçoit la demande et l'agrée; on procède alors aux fiançailles (*fæstning*) en présence de quatre témoins, dont deux de chaque côté. Le code de Christophe porte que la mère doit être consultée, mais ce n'est pas elle qui décide ni qui agit. Originairement la fille n'avait aucun droit de succession, seulement elle était dotée par son *giptoman*, mais, au XIIIe siècle, les femmes furent reconnues aptes à succéder dans tous les pays scandinaves. En Suède, cette innovation est attribuée au régent Birger Iarl.

Le mariage a lieu six semaines après les fiançailles. Après la bénédiction religieuse vient le repas de noces qui paraît avoir été une formalité essentielle. La loi détermine avec soin le nombre de personnes qui doivent y assister, ainsi que la valeur des présents de noces. La loi de Wisby va jusqu'à régler le nombre des plats qui doivent être servis sur la table. D'après le code de Christophe, il ne doit pas y avoir plus de huit personnes pour porter les habits de la mariée, et quiconque vient au repas sans y être invité paye une amende de 40 marcs, égale à celle du

3

meurtre. Enfin la femme est livrée au mari qui l'emmène dans sa maison. La livraison a lieu solennellement et le *giptoman* en prononce la formule. Si la livraison est refusée, hors les cas d'excuse légale, le fiancé se rend au ting, prend quatre témoins, et, en leur présence, il a le droit de pénétrer dans la maison, même par force, et d'enlever sa femme.

Le lendemain des noces, le mari donne à sa femme le don du matin (*morgongåfva*), dont le taux varie suivant la condition des époux. Le maximum est de 40 marcs pour un chevalier, 20 pour un écuyer, 10 pour un simple noble, 3 pour un paysan, 1 pour l'homme qui n'a pas de domicile fixe. La donation a lieu solennellement, en présence de douze témoins.

Le régime matrimonial primitif paraît avoir été la séparation de biens ou plus exactement le régime sans communauté, le mari administrant les biens de la femme. Ce régime s'est conservé dans la loi de l'île de Gothland. D'après cette loi, la femme recevait du *giptoman* une dot (*haim fylgi*), et de son fiancé un présent (*hogsel*). Si elle mourait sans enfants, avant son mari, ses héritiers n'avaient droit qu'à la dot.

La communauté s'introduisit peu à peu et par l'usage [1]. A l'époque de la rédaction des lois elle avait définitivement prévalu. La communauté commence au coucher; elle comprend tous les biens autres que les immeubles de famille (*arfvejord*), c'est-à-dire les meubles, les acquêts et les fruits des propres. (Toutefois la loi d'Upland fait une exception pour l'or et les esclaves.)

Pendant le mariage, l'administration appartient au mari comme protecteur (*målsman*) de sa femme.

A la dissolution du mariage, la communauté se partage entre les époux ou leurs représentants, mais par portions inégales. Le mari prend les deux tiers, la femme un tiers, en vertu d'une disposition que la loi d'Upland attribue à un roi Éric. Il est bien entendu que les propres sont prélevés de part et d'autre, ainsi que les biens donnés à la femme ou réservés par elle sous les noms de *hemfylgd* et d'*omynd*. Dans la loi d'Ostrogothie, la femme n'a droit au partage de la communauté que si elle survit à son mari.

Enfin, lorsqu'un des époux commet certaines fautes, il est puni de la perte de son droit dans la communauté.

Ce système, qui est celui des lois provinciales, a passé dans les codes de Magnus et de Christophe, mais les statuts des villes (*Biarköa rätt*,

[1] Voyez le savant ouvrage de M. d'Olivecrona sur le *Régime des biens entre époux*, in-8°; Upsala, 1878, 4° édition.

stadslagh) établissent la communauté universelle, du moins pour les biens urbains, et le partage par moitié. Le statut de Wisby contient des dispositions particulières pour le cas où il y a des enfants. Après la réforme, au XVIIe siècle, le droit de partage égal fut aussi accordé aux veuves de prêtres.

Le code de 1734 n'a rien changé à l'ancienne législation. C'est seulement le 19 mai 1845, sous le règne d'Oskar Ier, qu'une loi, depuis longtemps réclamée, a introduit le partage égal dans tous les cas.

La veuve non remariée a la tutelle de ses enfants et administre leurs biens avec le conseil des parents les plus proches. Lorsqu'un des époux se remarie, il doit d'abord partager avec ses enfants. S'il n'y a ni père ni mère, les enfants sont confiés à leur plus proche parent, qui administre leurs biens et en rend compte tous les ans à la famille. Il peut être destitué ou remplacé, au ting, par un jugement rendu avec assistance de jurés.

L'ordre des successions n'est pas le même dans toutes les coutumes; la différence est surtout sensible entre les lois de la Suède proprement dite et celles de la Gothie. Mais, au fond de tous ces systèmes, on retrouve un principe fondamental, qui était autrefois celui du droit athénien, et qui du droit des Lombards a passé dans le droit canonique; c'est le principe de la succession *per parentelas.* On entend par ce mot *parentela* tous ceux qui descendent d'un auteur commun. En conséquence, la succession appartient d'abord à la ligne directe descendante; puis au père et à la mère et à leurs descendants, c'est-à-dire aux frères et sœurs; en troisième ordre à l'aïeul, à l'aïeule et à leurs enfants, c'est-à-dire aux oncles, tantes et cousins, et ainsi de suite. Du reste, la succession dans chaque parentèle n'est pas toujours déférée au plus proche en degré. Ainsi le père et la mère en concours avec des frères et sœurs ne prennent qu'une part, et les frères et sœurs prennent l'autre quoique plus éloignés d'un degré. Un trait caractéristique de ce système est l'exclusion de la représentation. Ainsi, dans les plus anciennes lois, celles de la Gothie, lorsque le défunt laissait un fils et un petit-fils né d'un autre fils, la succession appartenait tout entière au premier, à l'exclusion du second. Mais cette rigueur ne se maintint pas. Déjà la loi d'Upland admet la représentation à tous les degrés. Elle finit par être admise, dans les codes, en ligne directe à l'infini, et en ligne collatérale au premier degré

Une dérogation non moins importante aux anciens principes fut la vocation des femmes à la succession. Les vieilles chroniques attribuent cette innovation à Birger Iarl et lui assignent pour date l'an 1262, où le roi Waldemar, fils de Birger, épousa la princesse Sophie de Danemark. Jusque-là les femmes étaient dotées, mais n'héritaient jamais. Birger les appela au partage de la succession, comme à celui de la communauté, et dans la même proportion : le fils prenant les deux tiers, la fille un tiers. Cette disposition a passé dans les codes de Magnus et de Christophe, mais l'égalité proclamée d'abord par les lois d'Upland, de Sudermanie et de Helsingie, fut aussi adoptée dans les villes, où l'on tenait moins à la conservation des biens dans les familles. Le code de 1734 resta fidèle à la tradition des codes antérieurs, et l'égalité n'a triomphé définitivement que par la loi précitée du 19 mai 1845. Les derniers vestiges de la tutelle des femmes n'ont disparu qu'en 1857.

Le partage entre cohéritiers a lieu par la voie du tirage au sort, en présence de deux parents au moins. Si l'un des copartageants se croit lésé, il peut réclamer dans le délai d'un an et une nuit, et alors il est procédé au rétablissement de l'égalité par un jury composé de douze parents, âgés de plus de quinze ans.

Les revendications de succession, par des parents qui se prétendent plus proches, ne peuvent être intentées que dans les trois ans qui suivent le décès.

On sait que le testament était inconnu au droit germanique primitif. Le droit canonique introduisit les testaments *ad pias causas*, et nous les trouvons sous cette forme dans les lois provinciales. Mais les lois municipales admirent qu'on pouvait disposer par testament de tous ses biens, tant meubles qu'immeubles, sous la réserve de neuf dixièmes pour les enfants, de deux tiers pour les autres parents dans le pays, et de moitié pour les parents hors du pays. Les testaments pouvaient être faits soit oralement, soit par écrit, en présence de deux témoins. C'est encore la forme usitée en Angleterre. Elle a été conservée dans le code de 1734 et jusqu'à ce jour.

Les parentés illégitimes sont l'objet de dispositions très précises. La légitimation par mariage subséquent est admise. Le mari peut désavouer l'enfant de sa femme, en jurant, avec douze cojureurs, qu'il n'a eu aucun rapport avec celle-ci dans les quarante semaines qui ont précédé la naissance. L'enfant naturel doit être nourri par sa mère jusqu'à trois ans, et par son père jusqu'à sept, mais il ne peut prendre plus de deux marcs dans la succession de son père et plus d'un marc dans celle de sa mère, et il ne peut recueillir d'autres successions que celles où son père et sa mère sont appelés avec lui. Quant à la succession de l'enfant naturel, elle est dévolue d'abord au père et à la mère, et, après eux, aux autres parents dans l'ordre des successions légitimes. Les enfants adultérins ou incestueux n'héritent pas. Enfin les successions vacantes appartiennent au roi. C'est ce qu'on appelle *Dana arf.*

Il ne faut pas confondre l'héritier du droit suédois avec l'*heres* du droit romain. Ce dernier continuait la personne du défunt, succédait à tous les droits et à toutes les obligations, *ultra vires.* La renonciation n'était permise qu'à certaines classes d'héritiers, et le bénéfice d'inventaire ne fut introduit que par Justinien. En droit scandinave, le principe est tout différent. L'héritier n'est qu'un successeur aux biens, ou plutôt à ce qui reste des biens après le payement des dettes. Celles-ci doivent être liquidées et payées avant tout partage, mais uniquement sur les biens de la succession et sans que l'héritier soit tenu sur ses biens personnels[1]. Comment se faisait cette liquidation, et quelle en était la procédure? C'est ce que les lois suédoises ne nous apprennent point; mais les lois islandaises comblent cette lacune, et nous y reviendrons en parlant des Grágás.

La distinction fondamentale introduite par le droit romain entre la propriété et la simple possession est inconnue au droit suédois, qui, encore aujourd'hui, n'admet pas d'actions possessoires. Quant à la propriété, elle se reconnaît, en général, à certains signes matériels.

La terre peut se transmettre de cinq manières, à savoir par succession, partage, vente, donation et engagement, à quoi il faut ajouter la prescription qui s'accomplit par trois ans de possession et qui équivaut à titre. Toutes ces transmissions ont lieu avec publicité. Nous avons déjà parlé des successions et donations. L'aliénation par vente ou échange a lieu devant le ting. Le centenier ou le laghman, en présence d'un jury composé de douze hommes pris dans la centaine, proclame la vente et prononce l'investiture de l'acquéreur. Si l'immeuble est revendiqué par un tiers, l'affaire est décidée par le serment des douze jurés qui ont assisté à la vente, et, après le rejet d'une première revendication, il n'en est admis aucune autre, de qui que ce soit. L'engagement est soumis à une formalité analogue. Il a lieu devant le ting, sur une estimation faite par le centenier et quatre personnes. Si la dette n'est pas payée à l'échéance, le débiteur a un délai de grâce d'un an et une nuit pour libérer l'immeuble. Après lui ses parents ont un délai de six semaines pour exercer le retrait, et, ces délais expirés, le créancier impute sur sa créance la valeur de l'immeuble, dont il reste propriétaire. La même publicité est requise pour le dégagement de l'immeuble.

[1] Voyez Winroth, *De la responsabilité des héritiers en ce qui concerne les obligations du défunt,* in-8°; Upsala, 1879.

Nous avons déjà signalé la distinction entre les immeubles propres ou acquêts. Les propres ne peuvent être aliénés qu'à charge du retrait qui peut être exercé par la famille du vendeur. Celui-ci doit d'abord offrir son immeuble au plus proche parent, à trois reprises différentes, devant le ting, après quoi le parent, ainsi mis en demeure, a un délai d'an et nuit pour exercer le retrait. Le prix du retrait est fixé par un jury de six personnes nommées pour moitié par chacune des deux parties.

La vente mobilière est aussi soumise, en général, à certaines formalités sur lesquelles nous reviendrons en parlant du vol.

Les codes suédois entrent dans des détails très circonstanciés sur la création des villages, la construction des bâtiments, la culture des terres, l'élève du bétail, l'usage des communaux et spécialement des forêts communes qui, autrefois, couvraient la plus grande partie du pays. C'est le code rural et économique.

Il serait très intéressant d'étudier ces dispositions et de montrer comment elles ont été appliquées, quels en ont été les effets, comment la forêt primitive a été défrichée, convertie en terrains de culture et par suite en propriétés individuelles. Nous reviendrons sur ce sujet à propos des lois danoises. Signalons seulement ici le droit d'occupation consacré par la loi de Helsingie pour les immenses forêts du Norrland. «Quiconque voudra choisir dans la terre commune un point convenable «pour y établir une ferme ou un village, prendra à côté de celui ou de «ceux qui s'y trouvent déjà, mais sans empiéter sur leurs terres, une «quantité de forêt aussi grande que celle des prairies et des champs réunis. Il prendra de deux côtés, aussi loin qu'un boiteux peut marcher à «l'aide de béquilles sans se reposer. Ce sera la longueur du terrain. Il «sortira de chez lui avec cheval et voiture, avant le lever du soleil à l'époque du solstice d'hiver, coupera une charge de piquets et reviendra à «l'heure de midi. Ce sera la prise de possession légale d'un terrain en «friche. S'il veut prendre du terrain pour champs et prairies, il défrichera l'étendue nécessaire pour y récolter trois charges de grains, plantera les quatre poteaux d'une maison, et fera, assisté de deux témoins, «le tour de sa terre, dont il jalonnera la limite.» Jusqu'au règne de Gustave Wasa, la terre a été ainsi au premier occupant dans les vastes solitudes du Norrland.

IV.

Dans les lois suédoises, comme dans les lois germaniques, le droit criminel occupe une grande place, d'abord les crimes contre les personnes, puis les atteintes portées au droit de propriété. Ces deux classes d'infractions se distinguent profondément, et c'est là un des caractères les plus remarquables du droit primitif. La première forme du droit criminel a été la vengeance privée : la guerre d'individu à individu, ou plutôt de famille à famille. Les premières lois ont été faites, moins pour supprimer cet état de choses que pour le réglementer et faire régner la paix. Elles ont rendu la composition obligatoire, en ont fixé le taux pour chaque cas, et lui ont donné le caractère d'une amende, qui, en général, se partage par tiers entre le roi, le canton ou centaine, et la partie poursuivante. Enfin elles ont fait intervenir la puissance publique entre le criminel et la partie poursuivante; s'il y a doute ou contestation, le jury déclare le fait. Le roi ou ses officiers font ensuite exécuter la loi.

Un meurtre est commis, et le meurtrier est pris en flagrant délit ou dans les vingt-quatre heures. S'il a commis le crime volontairement, hors le cas d'excuse légale, comme celui de légitime défense, la loi exige vie pour vie. C'est une concession faite à l'émotion du premier moment, et, si le plus proche héritier de la victime survient et tue le meurtrier, il en est quitte pour une simple amende. Mais, après les vingt-quatre heures, toutes voies de fait doivent cesser. Le ting est convoqué et le meurtrier a un sauf-conduit pour s'y rendre. S'il reconnaît être l'auteur du fait, ou si le jury déclare que le fait a été commis par lui, il a un délai d'un mois pour aller trouver le roi, et de quatorze nuits pour revenir. Le roi nomme un jury qui décide si le meurtre dont il s'agit est un crime. Si le meurtrier est absous, la partie poursuivante est condamnée à l'amende; mais, si le meurtrier est déclaré coupable, il doit quitter le pays. Il est hors la loi (*fridhlös*) jusqu'à ce qu'il ait fait sa paix avec les héritiers de la victime. Lui donner à manger une seule fois, l'abriter une seule nuit est un fait passible d'amende, et l'amende devient égale à celle de l'homicide si l'assistance se prolonge au delà d'un jour. On peut le tuer impunément, toutefois ses biens ne sont pas confisqués. S'il vient à traiter avec la partie poursuivante, il peut obtenir du roi son pardon et la paix, en payant la part d'amende due au roi et à la centaine.

La poursuite doit être intentée dans l'an et jour; passé ce délai, la preuve ne peut plus être faite que par l'aveu de l'inculpé.

S'il est commis un meurtre dont l'auteur reste inconnu, la centaine tout entière est responsable. Elle paye une amende de 40 marcs, c'est-à-dire égale à l'amende du meurtre ordinaire, moitié pour le roi et moitié pour les héritiers de la victime. Tous les habitants mâles et majeurs de quinze ans contribuent par tête pour le payement de cette amende.

Le meurtre involontaire, les blessures volontaires ou involontaires sont punis d'amendes dont le taux varie suivant la gravité du fait. La loi entre, à ce sujet, dans de très minutieux détails, exactement comme les lois germaniques. L'échelle est la même, et les expressions présentent une analogie frappante. Ainsi, pour savoir quelle amende doit être infligée lorsqu'un os est sorti de la blessure, on jette cet os sur un bouclier, et l'on écoute le son qu'il rend, ou bien encore, pour mesurer la gravité d'une balafre au visage, on distingue suivant qu'elle est ou non visible d'un côté de la rue à l'autre. Les blessures faites par un mari à sa femme se payent double, comme dans la loi salique, sauf toutefois le droit de correction légitime et raisonnable. Signalons encore un trait caractéristique, l'abandon noxal du chien qui mord. C'est le seul cas où la loi scandinave admette l'abandon noxal, et le même trait se retrouve dans les lois de Solon.

Tel était le système pénal de la loi primitive. On ne tarda pas à le trouver insuffisant. Déjà, dans l'ancienne loi de Westrogothie, c'est-à-dire dans le plus ancien texte des lois suédoises, nous trouvons un certain nombre de crimes pour lesquels il n'y a pas de composition (*urbotamål*). Ce sont l'assassinat (*mord*) ou homicide avec circonstances aggravantes, par exemple avec recel du corps, le parricide, la bigamie, le meurtre par poison ou sortilège, le meurtre entre époux ou habitants de la même maison, l'incendie de maison habitée, auxquels il faut ajouter la révolte contre le roi et la trahison contre le pays. Tous ces crimes sont considérés comme des forfaits atroces (*högmælis*), des actes infâmes (*nidingswerk*). Le coupable doit être mis à mort sans pouvoir se racheter. Si c'est un homme, il sera décapité ou mis sur la roue ; si c'est une femme, elle sera enterrée ou brûlée vive.

Une autre addition au droit primitif consiste dans la création d'une classe particulière de crimes, sous le nom d'attentats contre le serment du roi (*edzörebrotten*). Cette institution remonte, comme beaucoup d'autres, à ce même Birger Jarl dont nous avons déjà parlé, et qui fut, en Suède, le véritable fondateur du pouvoir royal. Birger proclama la paix du domicile, celle de la femme, celle de l'Église et celle du ting. Tout nouveau roi, au moment où il prenait la couronne, devait prêter serment de maintenir cette paix, et le même engagement était pris par les grands du royaume. Ces dispositions s'appliquaient à tous forcements de maisons, à tous meurtres commis dans une maison, dans l'église, le cimetière, ou l'assemblée du ting, à toutes blessures faites dans les mêmes circonstances, à tous actes de vengeance exercés sur un autre que le coupable, ou après la réconciliation, enfin aux crimes de viol et de mutilation. Quiconque commet un attentat contre la paix du roi est mis hors la loi (*biltogher*), et ses biens confisqués à l'exception des immeubles propres. L'exil dure jusqu'à ce que la partie lésée implore elle-même la clémence du roi pour le coupable, et celui-ci ne peut rentrer, en tout cas, qu'en payant l'amende de 40 marcs. Ces dispositions furent confirmées par un des fils de Birger Jarl, Magnus Ladulås, qui régna de 1278 à 1290, et, depuis cette époque, elles passèrent dans toutes les lois suédoises, où elles forment toujours une section particulière (*edzörisbalk*).

Telles étaient les dispositions relatives aux crimes contre les personnes. Elles font encore une grande part aux idées et aux sentiments de l'époque primitive où la vengeance était l'unique forme de la justice. Il en est autrement des crimes contre la propriété. Le vol, en effet, n'est jamais qu'un acte méprisable et déshonorant.

Si le voleur est pris en flagrant délit, ayant encore entre les mains la chose volée, on lui lie les mains derrière le dos et on le traîne devant le ting. Le plaignant prête serment, avec douze cojureurs, et sur-le-champ l'inculpé est pendu, sans autre forme de procès, pourvu toutefois que la valeur de l'objet volé dépasse un demi-marc. En cas de vol de bétail, il y a, en outre, confiscation des biens autres que les immeubles propres.

Si, au contraire, le voleur n'est pas pris en flagrant délit, il y a une preuve à faire. Chacune des parties est admise à prêter serment avec ses cojureurs, au nombre de douze, et le jury décide. S'il condamne, il prononce une amende de 40 marcs, la plus forte des amendes qui se trouvent dans la loi.

Nous supposons toujours que l'objet volé vaut plus d'un demi-marc. Au-dessous de ce taux, l'amende décroit jusqu'à 6 *öra*, et le nombre des cojureurs descend jusqu'à trois. Ici encore, s'il y a flagrant délit, la loi prononce une peine corporelle que le juge applique sans forme de procès ; le voleur pris sur le fait est battu de verges, ou bien il perd les oreilles. On le traîne au ting les mains attachées par devant et non par derrière, mais, en aucun cas, la composition n'est admise. Il n'y a pas de rançon pour le voleur manifeste. Toute personne qui laisse échapper un voleur, ou accepte de lui une rançon, ou le soustrait à la peine, est frappée d'une amende de 40 marcs.

La recherche des objets volés donne lieu à une procédure particulière ; c'est la perquisition à domicile (*ranzsaka*). Le plaignant déclare, devant ses voisins, le vol qu'il croit avoir été commis, puis il se rend au domicile suspect, avec quatre témoins, et requiert la perquisition, au nom de la loi. Cette réquisition ne peut pas être repoussée. Chacune des deux parties prend deux témoins. Le plaignant indique ce qu'il cherche, l'inculpé fait connaître ce qu'on trouvera chez lui. Puis le plaignant entre avec ses témoins, en chemise. Si l'objet volé se trouve dans la maison, l'inculpé est traîné au ting, et traité comme voleur manifeste. Dans le cas contraire, il reçoit 3 marcs à titre d'indemnité. Toute résistance est punie d'une amende de 3 marcs. En ce cas, le plaignant requiert les voisins et pénètre de force avec eux. Enfin, dans le cas où l'on trouve la chose volée, on examine s'il y a dans la maison une ouverture par où l'objet ait pu être jeté du dehors par un tiers, et alors l'inculpé est admis à se justifier avec douze cojureurs.

Les lois anglo-saxonnes font la même distinction entre le vol manifeste, qui est puni de mort, sans composition, et le vol non manifeste, qui est puni d'une simple amende, du moins en général[1]. Ce système est au fond, celui de la loi salique[2] et de la loi des Ripuaires[3]. Quant à la perquisition, elle se retrouve non seulement dans les lois que nous venons de citer, mais encore dans celles des Burgondes et des Bavarois[4]. On peut remonter beaucoup plus haut encore, aux Douze Tables et aux lois de Solon. Les Douze Tables prononçaient, en cas de *furtum manifestum*, la peine capitale qui s'appliquait sans jugement, sur un simple ordre du magistrat[5]. Dans le cas de *furtum nec manifestum*, la peine consistait seulement en une amende égale au double de la valeur de l'objet volé. De même, chez les Athéniens, celui qui saisit un voleur en flagrant délit le traîne (ἀπάγει) devant le magistrat, qui le met à mort, sans forme de procès. Qui ne se rappelle, enfin, la procédure de la perquisition *per lancem et licium* que décrivent en termes identiques Platon, dans le *Traité des Lois*, et Gaïus? Si la perquisition faite en présence de témoins amène la découverte de l'objet volé, le maître de la maison est condamné au triple par l'action *furti concepti*, sauf son recours contre le tiers qui a pu introduire dans la maison l'objet volé. Ce recours s'appelle *actio furti oblati*. Si le maître de la maison s'oppose à la perquisition,

[1] Voir, par exemple, les *Lois de Canut*, II, 26 et 64; Schmid, *Die angelsächsischen Gesetze*, p. 287 et 305.

[2] *Capitulum Childeberti*, § 7.

[3] *Loi des Ripuaires*, chap. XLI : « Si « quis a contubernio probabiliter ligatus « super res alienas fuerit, eum ad excu« sationem non permittimus. » — [4] *Loi salique*, chap. XL; *Loi des Ripuaires*, 47; *Loi des Burgondes*, 16; *Loi des Bavarois*, 10 et 14.

[5] *Gaïus*, III, 189 : « Nam liber ver« beratus addicebatur ei cui furtum fe« cerat. »

alors la loi donne au plaignant une action spéciale appelée *prohibiti furti*. Le plaignant pénètre dans la maison par autorité de justice ; il est nu, couvert d'une ceinture autour des reins, *γυμνὸς καὶ ἄζωστος*, dit la loi grecque, et il porte un plat à la main[1]. Dans ce cas, si la chose volée se retrouve, il y a *furtum manifestum*, et, par suite, peine capitale.

A coup sûr, ces ressemblances ne sont pas fortuites, et toutes ces législations, qui s'éclairent et se complètent réciproquement, ne sont, en définitive, que l'expression d'une seule et même idée. Reste à expliquer cette idée, et ce n'est pas le plus facile, car comment comprendre que le même fait soit puni plus ou moins sévèrement, suivant que l'auteur est ou non pris en flagrant délit? Dans l'un et l'autre cas, il est également coupable. Pourquoi n'est-il pas également puni? Le sens de cette vieille loi était déjà perdu au temps de Gaïus, qui la traite de ridicule. Peut-être s'en serait-il moins égayé s'il avait pu se reporter aux temps héroïques, à l'époque où, pour la première fois, le législateur était intervenu pour faire cesser les guerres privées et maintenir la paix entre les membres de l'État. Il aurait compris que la peine se substituait à la vengeance de la partie lésée, et que, dès lors, elle avait dû se mesurer moins à la culpabilité de l'agent qu'au ressentiment de la victime.

En défense à l'action de vol, le détenteur de la chose revendiquée est admis à prouver qu'elle est née ou qu'elle a été faite chez lui, ou qu'il la tient d'un tiers par achat, bail, gage ou prêt, ou enfin qu'il l'a trouvée et déclarée comme le prescrit la loi. Il a un délai pour mettre en cause son auteur, et celui-ci est tenu de le garantir en prenant son lieu et place. Ce sont à peu près les dispositions de la loi salique et de la loi Ripuaire, mais en voici une qui ne se rencontre pas chez les Francs. Pour en retrouver l'équivalent, il faut remonter jusqu'aux premiers temps d'Athènes et de Rome. Les meubles importants, tels que les esclaves, le bétail, les armes, l'or et l'argent, les maisons même, à l'exclusion du sol, dont nous parlerons tout à l'heure, ne peuvent se vendre qu'avec certaines formalités, c'est-à-dire en présence d'un ami et de deux témoins, *meth viin och vitne*. Grimm[2] rappelle ici, et non sans raison, la *mancipatio* de l'ancien droit romain; mais ce qui n'est pas moins remarquable, c'est qu'aux termes de la loi suédoise, l'ami qui a procuré la vente est garant de cette vente, à défaut du vendeur. Or cette disposition singulière se trouve dans les lois de Platon[3].

[1] Platon, *Traité des Lois*, XII, VII.

[2] Grimm, *Deutsche Rechtsalterthümer*, p. 608.

[3] Platon, *Lois*, XII, VII : ἐγγυητὴς μὲν δὴ καὶ ὁ προπωλῶν ὁτιοῦν τοῦ μὴ ἐνδίκως πωλοῦντος ἢ καὶ μηδαμῶς ἀξιόχρεω·

V.

La base de l'organisation judiciaire en Suède est le ting, c'est-à-dire l'assemblée du peuple présidée, dans la province par le laghman, dans la centaine ou district (*herad*) par le chef de centaine (*heredzhöfding*). Ces magistrats sont électifs. Pour l'élection du laghman, le laghting ou assemblée provinciale se réunit, sur la convocation de l'évêque, et désigne six nobles et six paysans. L'évêque se joint à eux, avec deux clercs désignés par lui, et ces quinze personnes présentent trois candidats au roi, qui choisit. L'élection du chef de centaine a lieu de la même manière. L'assemblée de la centaine nomme douze électeurs qui, sous la présidence du laghman, présentent trois candidats au roi.

Il y a, par an, dans chaque centaine, trois sessions ordinaires dont chacune dure environ deux mois. Pendant la durée de la session, le ting doit s'assembler au plus une fois par semaine. Pour que la réunion soit valable, il faut qu'elle compte un certain nombre d'assistants. Le Code de Christophe en exige 24, à savoir 6 de chaque quartier. C'est le minimum qui doit se trouver présent à peine d'amende. Indépendamment des sessions ordinaires, le ting peut être extraordinairement convoqué par le chef de la centaine, au moyen soit d'une proclamation, soit d'un message porté dans tout le district sous la forme d'un bâton portant certains caractères, comme la scytale lacédémonienne. Ce message passe rapidement de main en main. Quiconque le reçoit est tenu de le porter immédiatement à son voisin.

A côté du ting, tenu par le chef de centaine, il y a encore le ting du laghman et celui du roi. Le laghman doit en tenir au moins un par an, dans chaque centaine de la province. Le roi ou ses délégués tiennent au moins un landsting par an, dans le chef-lieu de la province. Il y en a encore dix dans le code de Christophe. C'est seulement sous Gustave-Adolphe, en 1614, qu'il fut créé une Cour suprême (*Hofrätt*) à Stockholm.

Dans les villes, le ting est remplacé par le conseil municipal, qui siège, sous la présidence des bourgmestres, à l'hôtel de ville. Au-dessous, sur

ὑποδίκος δ' ἔσ7ω καὶ ὁ προπωλῶν, καθάπερ ὁ ἀποδόμενος.

Dans la loi suédoise, le vendeur, en tant qu'il est garant de la vente, s'appelle *hemuld*, et, dans la loi anglaise, *hemoldborh*. (Lois de Guillaume le Conquérant, cap. XXI, éd. Schmid, p. 337.) Cf. le titre de la loi salique : *De filtortis* (XLVII) où il faut lire, avec Merkel et la *Lex emendata*, *hamallus* et non *gamallus*, comme le font les plus récents éditeurs, Waitz, Gengler, Behrend.

la place du marché, il y a un tribunal inférieur, et des assises royales sont tenues deux fois par an par un conseiller du roi.

Chez tous les peuples germaniques et même ailleurs on rencontre cette participation du peuple à l'exercice du pouvoir judiciaire; mais la division de ce pouvoir entre le peuple et le magistrat n'est pas partout la même, à beaucoup près. Le plus souvent c'est le peuple, ou ses représentants, qui juge en droit comme en fait; le magistrat ne fait que prononcer le jugement et en assurer l'exécution. Le peuple a la *jurisdictio*, le magistrat n'a que l'*imperium*, ou, comme on disait au moyen âge, le *bannum*. En Suède il en est autrement, du moins à l'époque de la rédaction des coutumes. Le pouvoir de juger, l'application du droit au fait appartient au magistrat; mais, si les parties sont contraires en fait, la loi veut, en certains cas, non pas en tous, que la question soit soumise à douze personnes prises dans l'assemblée, et qui prononcent avec serment sur la vérité du fait; c'est le jury (*nempde*). En l'absence de documents certains sur l'origine de cette institution, plusieurs systèmes différents ont été proposés. Le plus plausible paraît être celui que soutient M. Nordström. D'après lui le jury serait un perfectionnement de l'institution des cojureurs. Ces hommes, que chaque partie amenait avec elle, au nombre fixé par la loi dans chaque cas, pour fortifier son serment par leur affirmation, n'étaient pas des témoins. Leur déclaration n'était qu'une adhésion à la déclaration faite par la partie elle-même. Ne devait-il pas sembler naturel, à un moment donné, de réunir les deux troupes en une seule, et d'étendre leurs pouvoirs en leur demandant un verdict, non plus seulement sur la sincérité de la partie, mais sur la vérité du fait? Cette explication est confirmée par le caractère du jury, tel qu'il nous apparaît dans les lois du XIIIe et du XIVe siècle et dans le code de Christophe. Le jury, en effet, est désigné par le magistrat; mais la désignation doit être approuvée pour moitié par chacune des deux parties, qui peut d'ailleurs exercer trois récusations. Enfin il prononce à la majorité simple, de sept sur douze. Si la partie qui succombe eût eu à produire six cojureurs, l'abstention d'un seul eût suffi pour lui faire perdre son procès. Il en est de même quand, au lieu de six cojureurs, elle fournit six jurés, et que ces six jurés ne sont pas unanimes en sa faveur. Enfin les jurés prêtent serment, non pas au moment où ils se constituent, mais au moment où ils rendent leur verdict.

En général le juge est tenu de juger et le jury doit rendre un verdict. Toutefois le jury peut déclarer qu'il ne voit pas clair dans l'affaire, qui est alors renvoyée à la prochaine réunion du ting. Le chef de centaine peut aussi dire qu'il ignore quelle loi doit être appliquée dans le cas donné. Mais il est tenu de juger à l'audience suivante, à moins qu'il ne renouvelle la même déclaration avec serment. L'affaire est alors portée devant le laghman. Il peut y avoir appel du tribunal de la centaine à celui du laghman, et de ce dernier aux assises du roi, même dans les affaires qui ont été jugées avec l'assistance d'un jury, mais l'appel, même dans le code de Christophe, a le caractère d'une prise à partie dirigée, soit contre le magistrat, soit même contre les jurés. L'appelant dépose une amende, le magistrat ou le jury en consigne une double, et une partie de la somme totale est attribuée à celui qui gagne son procès.

L'assignation est donnée à personne ou domicile, en présence de deux témoins et verbalement, ordinairement par le demandeur, quelquefois par le centenier lui-même. Si l'assigné fait trois fois défaut, il est condamné. La procédure n'a, du reste, rien de particulier. Elle s'est maintenue, dans les tribunaux de première instance, à peu près telle qu'elle était au XIVe siècle. Mais, dans les cours d'appel et la cour suprême, elle a été remplacée par la procédure écrite et secrète. La condition des débiteurs condamnés paraît avoir été assez douce. La contrainte par corps n'a lieu que pour le recouvrement des amendes en cas de meurtre, de blessures, ou de vol à main armée. Dans ces trois cas, le débiteur insolvable est mis dans la servitude du créancier et à raison d'un an pour 3 marcs, ce qui faisait près de cinq ans pour un meurtre ordinaire. Du reste, l'exécution n'a lieu que sur les biens. Le centenier se transporte sur les lieux avec un jury de douze personnes, et saisit d'abord les meubles et le bétail, en second lieu les grains et le foin, en troisième lieu la maison, puis la terre, puis enfin le droit aux jouissances communes. La loi réserve d'ailleurs aux parents un droit de retrait pendant trois ans sur les immeubles propres, et à la femme l'exercice de ses reprises.

Nous nous sommes efforcé de mettre en relief tout ce qu'il y a de plus caractéristique dans les anciennes lois suédoises. Il nous reste à faire le même travail sur les lois du Danemark, de la Norwège et de l'Islande. Ce sera l'objet d'un prochain mémoire.

R. DARESTE.

IMPRIMERIE NATIONALE. — Novembre 1880.

www.ingramcontent.com/pod-product-compliance
Lightning Source LLC
LaVergne TN
LVHW010255230826
846091LV00007B/2988

* 9 7 8 2 0 1 9 2 3 9 7 5 6 *